マンガでわかる！
ヒチョル式 1時間でハングルが読めるようになる本

コミックエッセイで超カンタン講義

チョ・ヒチョル=作　春原弥生=マンガ

Gakken

Chapter 0
"丸井"の法則

こんにちはカナです

ただいま親友のマサちゃんと待ち合わせ中

1週間後には一緒に韓国旅行へ行くんだ

今日はその打ち合わせ！（という名のお茶）

マサちゃんはアイドルに会いたいって言ってたなぁ〜

マサちゃん

私はもちろん…

ひたすら食べ歩きした〜い♥

もくじ

4   *Chapter 0*_"丸井"の法則

12   *Chapter 1*_ハングル子音5兄弟
        「ㄱ」は"カマのk"
        「ㄴ」は"ナスのn"
        「ㅁ」は"マッチ箱のm"
        「ㅅ」は"サクランボのs"
        「ㅇ」は"アンパンのア"

32   おさらい **1**   ソウルの街角で子音5兄弟を見つけよう

34   *Chapter 2*_ハングル母音6兄弟
        「ㅣ」「ㅡ」…縦[イ][ウ]横
        「ㅓ」「ㅏ」…左[オ][ア]右
        「ㅗ」「ㅜ」…上[オ][ウ]下

54   おさらい **2**   韓国料理のハングルを覚えてみよう

58   *Chapter 3*_母音の仲間たち
        「ㅑ」「ㅕ」「ㅛ」「ㅠ」…点々の縦横は「ヤ」「ユ」「ヨ」
        「ㅐ」「ㅔ」は"エイチのエ"
        「ㅒ」「ㅖ」は"エイチのエ"+点々の縦横は「ヤ」「ユ」「ヨ」=「イェ」

登場人物紹介

カナ
明るくて食べることが大好きな女の子。頭の中は、サムギョプサル、ラーメン、海鮮鍋など、韓国グルメでいっぱい♥

マサ
しっかり者の優等生タイプ。韓国エンタメにどっぷりハマっていて、あわよくば韓流スターとの電撃結婚を狙ってる!?

68 *Chapter 4* __子音の仲間たち__
「ㅂ」は"パッとのp"
「ㄷ」は"タオルのt"
「ㄹ」は"らせん階段のr"
「ㅈ」は"スウォッチのtʃ"
「ㅎ」は"フタのh"

84 *Chapter 5* __似て非なる激音・濃音__
「ㅋ」「ㅌ」「ㅍ」「ㅊ」は激音
「ㄲ」「ㄸ」「ㅃ」「ㅆ」「ㅉ」は濃音

92 おさらい **3**　お店の中にあるハングルに触れ合おう

96 *Chapter 6* __意外と簡単パッチム__
ハングルの仕組み、子音のパッチム

123 おさらい **4**　韓国の電車にまつわるハングル

126 *Chapter 7* __ダブル母音&ダブルパッチム__
「오」「우」の仲間、二重母音「의」、覚えておきたい発音規則

137 おさらい **5**　街にあふれているハングルを読もう

138 *Chapter 8* __読めるようになった__

144 カナ文字・ハングル対照表
145 あとがき

ヒチョマルくん
口が悪いが知識は豊富。タヌキではなくクマ。ヒチョル先生が大好きで心の中で「ボス」と慕っている

ヒチョル先生
ちょっぴりおちゃめな韓国語教育が専門の大学の先生。わかりやすくハングルを読み解く"ヒチョル式"を考案

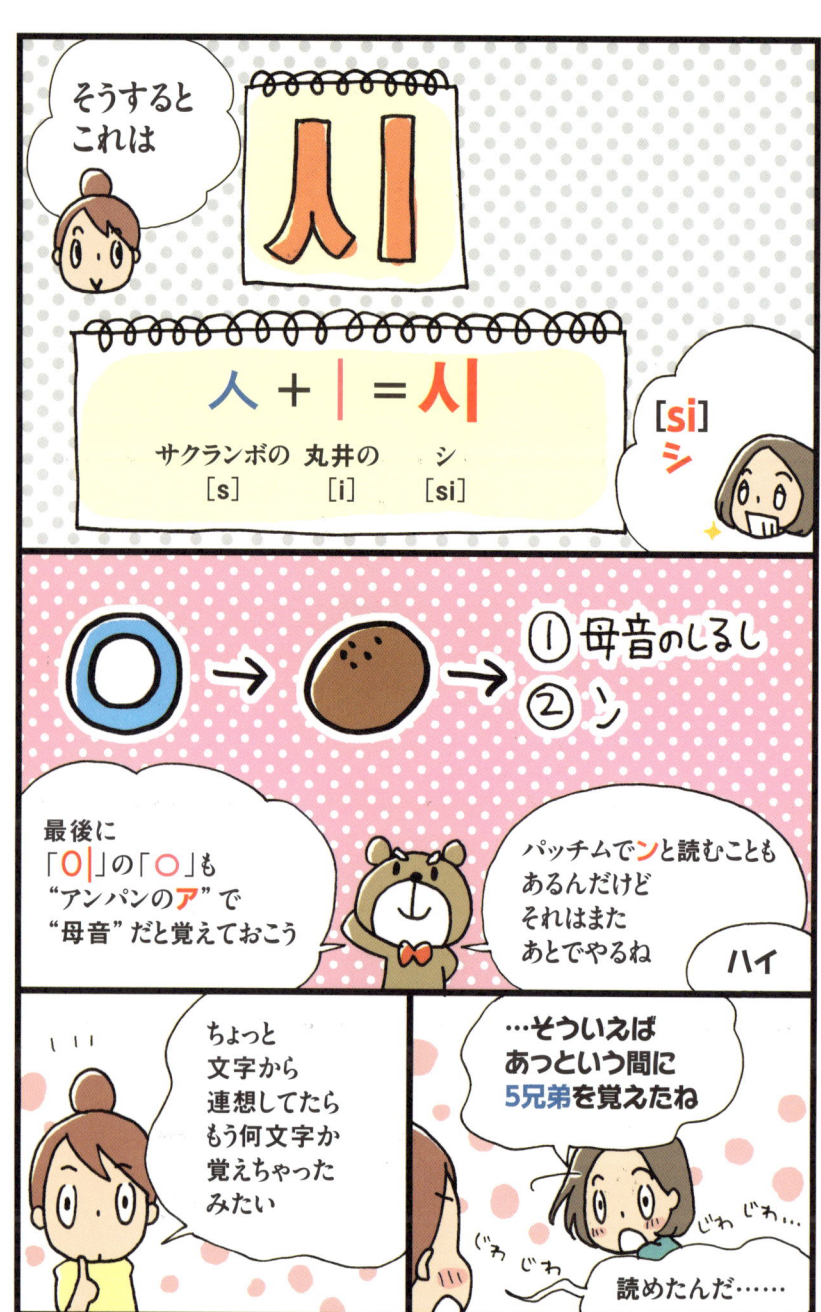

おさらい 1 ソウルの街角で子音5兄弟を見つけよう

이は"丸井"だから「イ」

「ㅁ」はマッチ箱なので미は「ミ」!

韓国の看板はハングルでいっぱい。これまで読めない!!って思っていた人もよ〜く見てみて！ さっき覚えた○・ㄱ・ㄴ・ㅁ・ㅅを使った文字があることに気づくはず。さっそく子音5兄弟を見つけてみよう！

"サクランボのS"だけど…何!?
➡P40へ

「○」なので"丸井の[イ]"で「イ」発見!!

こんなところに"ナスのㄴ"!!
だからㄴ|は「ニ」〜

○・ㄱ・ㄴ・ㅁ・ㅅを使っている文字はいっぱいあるね。この本を読み終えたときにはここに書いてある文字が読めるようになるよ

Chapter 2
ハングル母音6兄弟

おいし～～い!

1週間後には本場でいっぱい食べられるのね

ハングルの子音を覚えたんだから母音を覚えれば読める文字が増えるよね

またカマ発見!

ナスも!!

よーし
では次は母音を覚えよう

ハングルの母音はすごく簡単なんだ

まず6文字覚えるよ

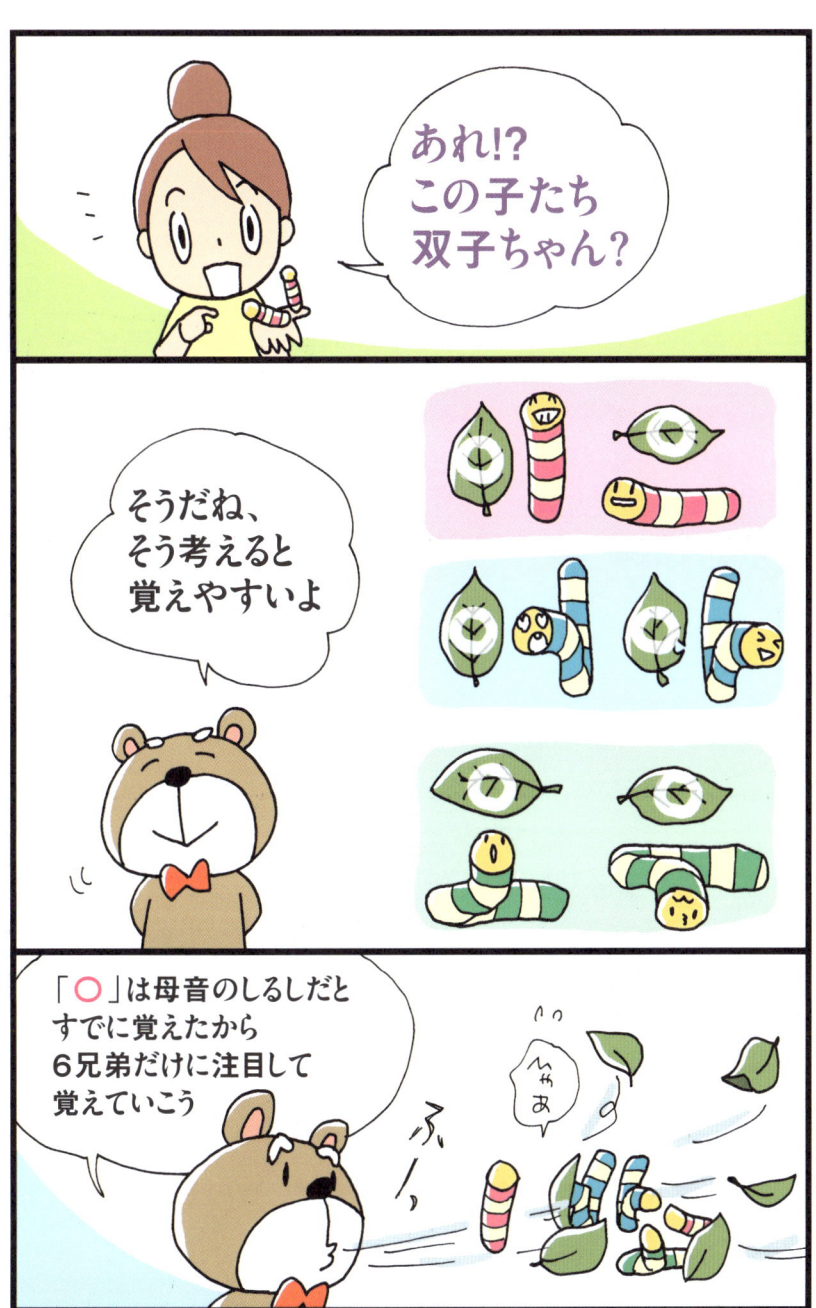

そしてボクが子音5兄弟と仲良くすると…

①	②	③	④	⑤
ㅇ	ㄱ	ㄴ	ㅁ	ㅅ
母音	k	n	m	s

カマくん

これな〜んだ?

えーとカマの[k]と横[ɯ]だから

ㄱ + ㅡ = 구

カマの [k]　横「ɯ」　ク [kɯ]

「ク」ね!

そう!

この式も慣れてきたわ

ハングル母音6兄弟

ほかの文字もホラ!!

ㄴ

ㄴ + ㅡ = ㅡ(ㄴ下)

ヌ

ㅁ

ㅁ + ㅡ = 므

ム

스

ㅅ + ㅡ = 스

ス

ほーら
全部
読めたでしょ

① ② ③ ④ ⑤
으 그 느 므 스
ウ ク ヌ ム ス

では
次の子たちでも
やってみよう

|おーッ|

|はーい|

この2匹は
縦棒に
左に点と右に点

右に
点の[ア]

左に
点の[オ]

어「オ」　　아「ア」

左[オ] [ア]右(左or右)

って覚えてね

棒の左に点がある[オ]
棒の右に点がある[ア]

だからこの
覚え方なんだね

そう！

ㄱ + ㅓ = **거**

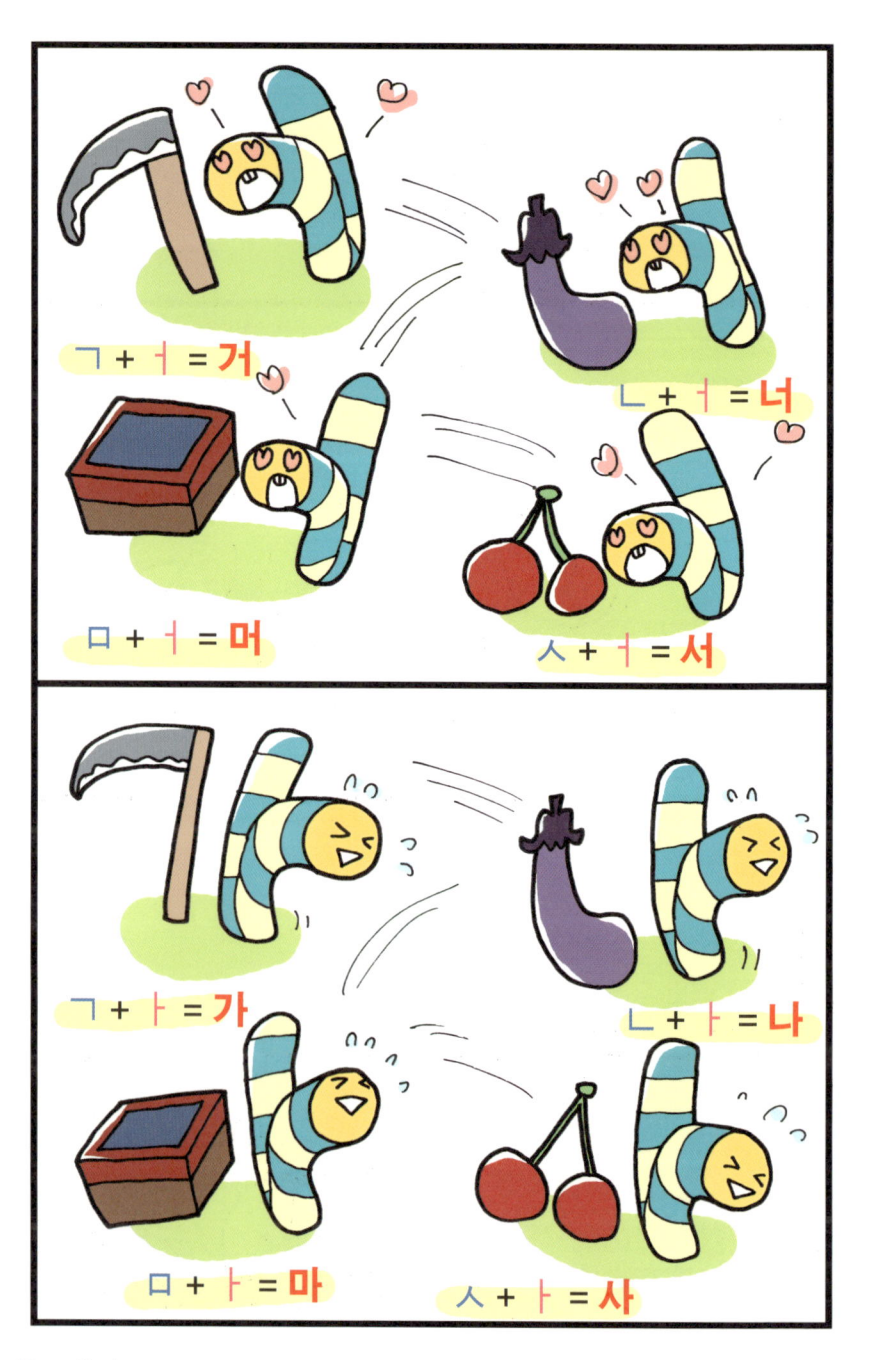

ㄴ + ㅓ = **너**

ㅁ + ㅓ = **머**

ㅅ + ㅓ = **서**

ㄱ + ㅏ = **가**

ㄴ + ㅏ = **나**

ㅁ + ㅏ = **마**

ㅅ + ㅏ = **사**

거ㅋ 너ノ 머ㅌ 서ソ
だね!

あれっ?
[オ]は子音へ
猛烈にアピール
してる

私もこのくらい
押されたいわ〜

가ヵ 나ナ 마マ 사サ
ね!

なんか
[ア]は子音を
見てない
…でも

わりとグイグイ
いってるよね?

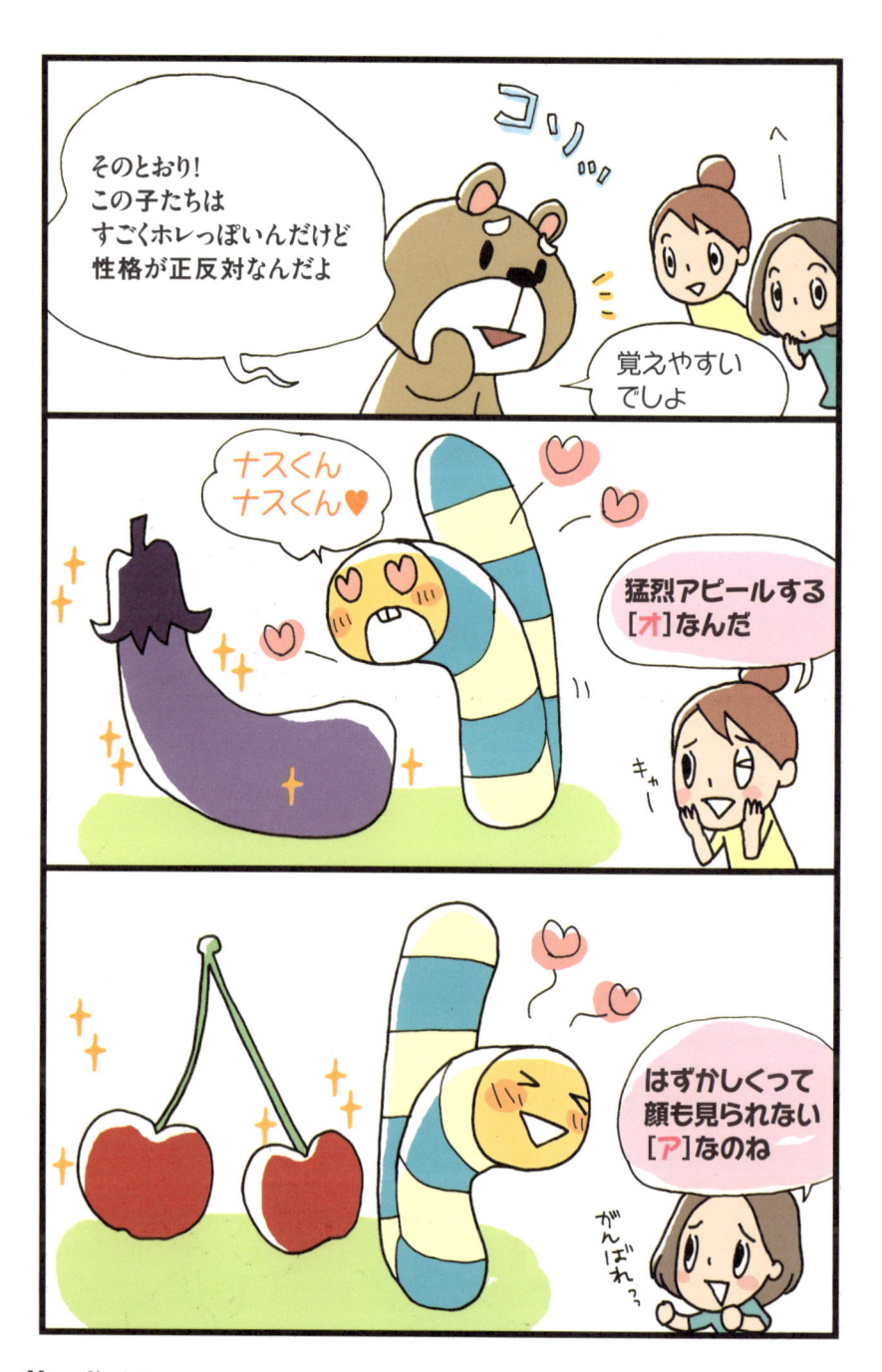

そのとおり！
この子たちは
すごくホレっぽいんだけど
性格が正反対なんだよ

コソッ

覚えやすいでしょ

ナスくん
ナスくん♥

猛烈アピールする
[**オ**]なんだ

キャー

はずかしくって
顔も見られない
[**ア**]なのね

がんばれ？

最後の双子は
この子たち

今度は
上と下に
点があるよ

棒の上に
点の[オ]

棒の下に
点の[ウ]

오「オ」   우「ウ」

上[オ] [ウ]下（**上追う下**）

あれっ？

[オ]も[ウ]も
さっき出てきた気が

어と으

お！

それより
まずは組み合わせ！
ボクは見上げて[オ]
感心している
みたいでしょ

お！美しいカマ

ㄱ + ㅗ = 고　コ

お！珍しいカタチのナス！

ㄴ + ㅗ = 노　ノ

お！懐かしいマッチ箱

ㅁ + ㅗ = 모　モ

お！おいしそうなサクランボ

ㅅ + ㅗ = 소　ソ

そしてボクは
下を向いて[ウ]
悩んでいる
みたい

う〜

新しいカマ
必要かなあ

ㄱ + ㅜ = 구　ク

夕飯はナスで
いいかなあ

ㄴ + ㅜ = 누　ヌ

マッチ使う
機会減ったなあ

ㅁ + ㅜ = 무　ム

サクランボ
もっと食べ
たいなあ

ㅅ + ㅜ = 수　ス

母音6兄弟は
イ・ウ・オ・ア・オ・ウ
発音はそれぞれ
違うよ!

みんなどんな
口をしているか
顔をよく見て!!

横に伸ばして
으「ウ」

僕は口を
つき出して
우「ウ」

口を開けて
어「オ」

同じく口を
つき出して
오「オ」

シッカリ!!

なーんて!

くるっ

イー
オー

わ〜ん
一気に
混乱してきた

ちゃんと発音
できなくっても
実は通じますョ

ある程度は
テキトーでOK!

母音6兄弟は全部登場したね

では復習してみよう

	母音		発音	覚え方
1	ㅣ	이	イ	縦[イ] [ウ]横
2	ㅡ	으	ウ	(**縦言う横**)
3	ㅓ	어	オ	左[オ] [ア]右
4	ㅏ	아	ア	(**左or右**)
5	ㅗ	오	オ	上[オ] [ウ]下
6	ㅜ	우	ウ	(**上追う下**)

小テストをするから覚えてね

線で結びましょう

オ　ア　ウ　オ　イ　ウ
・　・　・　・　・　・

・　・　・　・　・　・
ㅗ　ㅣ　ㅜ　ㅏ　ㅡ　ㅓ
・　・　・　・　・　・

아　우　으　이　어　오

みんなの特徴のおかげで思い出せるっ!!

ふう!
一気にやったけど
ちゃんと覚えられた
みたい
じゃあ
ちょっと休憩に
飲もうよ〜
カナ!
いつの間に!?
いや、いい
タイミング
だよ
韓国の焼酎は
「ソジュ」
소주
ソ ジュ
上［オ］［ウ］下
がそのまま
入ってるわ
日本でも有名なソジュの
チャミスルにも
今まで覚えた文字が
入っているよ
気づいてた?
チャミスル
ジュセヨー
えっ!
そうなの!?
気づかなかった
さあ
どうぞ
いただきまーす
どこどこ?

本当だ!!
「이」

でもなんで?
チャミスルには「イ」は
入ってないわよね

ヒチョマルくんの豆知識

참이슬
チャム = 眞
イスル = 露

もともと
「チャムイスル」って
言うんだよ
社名の「眞露」に由来して
"澄んだキレイなお酒"
という意味が
含まれているんだって

ほかの文字は
これからどんどん
覚えていこう

そしてソジュは
日本のおちょこくらいの
小さなグラスに入れて
ストレートで飲むんだ

へー
割らないのね

ではお先に
いただきま〜す！

くいっ

……くはあ――――!!!

うまいっ

おやじかっ！

あぁ〜そこは
「카〜〜（キャー）」
で締めて
もらいたかった！

韓国で1杯目の
ソジュを飲んだときは
「카〜」なんだよね

おかわり

あらら

ハングル母音6兄弟 53

おさらい 2 韓国料理のハングルを覚えてみよう

[매운떡볶이]
₩2500

재래식으로 뽑은 쌀떡
당일 주문, 당일 생산을 원칙으로 합니다

[수제튀김]
₩2500　　　₩4000
(5개 / 개당 500원)　(5개 / 개당 800원)

단호박 / 고구마 / 오징어　새우 / 깻잎 / 고추
야끼만두 / 김말이　　　　(국내산 돼지고기)

JAWS

매운떡볶이
メウントッポッキ
(辛いトッポッキ)
細長いお餅と野菜と
オデンを甘辛いタレで
炒めたもの。モチっとした
食感がgood♪

수제튀김
スジェティギム
(手作り天ぷら)
韓国屋台の定番メニュー。
ゴマ油をきかせた
タレをつけて食べる。
サクサクおいしい

韓国旅行に行って楽しみなのがごはん♪
といってもハングルばっかりだと、食べたいものを
注文するときに困ってしまうかも…。
メニューの写真を見ながら読み方も覚えてみよう！

MENU

[**찹쌀순대**]
₩3000

질 좋은 창자 + 갖은 야채 + 견과류
영양은 물론 씹는 즐거움을 더했습니다

[**부산어묵** ／**유부주머니**
₩2000　₩3000　₩3000
(3꼬치 / 개당 700원)　(개당 1000원)　(유부주머니3ea+어묵1꼬치)

11가지 건어물 + 신안 천일염
정성을 담아 우려낸 육수로 깔끔하고 시원합니다

※ 죠스는 국내산 돼지고기를 사용

찹쌀순대
チャプサルスンデ
（もち米スンデ）
もち米と野菜などを
混ぜて蒸した
韓国式ソーセージ。
お酒のお供にピッタリ

부산어묵／유부주머니
プサンオデン／ユブチュモニ
（釜山オデン／ユブチュモニ）
練りもののオデンと
春雨や野菜がたっぷり入った
油あげのきんちゃく。スープと
一緒に食べると温まる

해물파전
ヘムルパジョン(海鮮チヂミ)
居酒屋メニューとしてもおなじみ。海鮮のほかに**김치**(キムチ)やジャガイモの**감자**(カムジャ)も人気

비빔냉면
ピビンネンミョン(ピビン冷麺)
辛いタレと麺を混ぜながら食べるスープなしの冷麺。麺はハサミで切ってから食べよう

막국수 ~~00원~~
쟁반쫄면 6,000원
쟁반냉면 6,000원
열무냉면 5,000원
비빔냉면 5,000원

치즈돈까스 6,000원
고구마돈까스 6,000원
해물파전 6,000원
순대볶음 5,000원

모듬떡볶이 5,000원

갈~ 7,0~
육~ 6,0~
된~ 6,0~

바지락칼국수 5,000원
잔치국수 5,000원
돌솥우동 5,000원
떡만두국

잔치국수
チャンチククス(チャンチそうめん)
「長く幸せに暮らせるように」とお祝いのときに食べられてきたそうめん。煮干しと昆布のダシがやさしい一品

모듬떡볶이
モドゥムトッポッキ
(トッポッキの盛り合わせ)
トッポッキにラーメンやオデンなどいろんなものを入れた全部のせ。**모듬**(モドゥム)は「全部」という意味

갈치구이
カルチクイ（焼き太刀魚）
韓国ではよく食べられる太刀魚。塩焼きで食べるのが定番で済州島の名物料理

돌솥비빔밥
トルソッピビンパプ（石焼ビビンパ）
日本でもおなじみのメニュー。よ〜く混ぜておこげを作って香ばしく食べるのがポイント

판불고기 6,000원
돌판제육 6,000원
돌판낙지 6,000원
돌판오징어 6,000원
제육쌈 7,00

삼치구이 7,000원
동태찌개 7,000원
갈비탕 6,000원
설렁탕 6,000원
목살김치찌개 6,000원
순두부찌개 6,000원

돌솥비빔밥 6,000원

日本でも人気のメニューばかり！
読めるようになると
韓国旅行の楽しさがアップするよ♪

갈비탕
カルビタン（カルビスープ）
牛の骨を長時間かけてじっくりと煮込んだスープ。辛くないのでさっぱりと食べられる

Chapter 3
母音の仲間たち

母音6兄弟は
ちゃんと覚えた?

はーい

この基本を
覚えたら
次はもっと簡単!!

先に、
"基本母音は10個"
って言ったでしょ

そのうち
6個は覚えたね!

残り4個は
母音6兄弟に……

아 어 오
우 으 이
여 야 유 요

チョロっと
毛が生えた
ようなもんだ

毛!?

ホラッ!

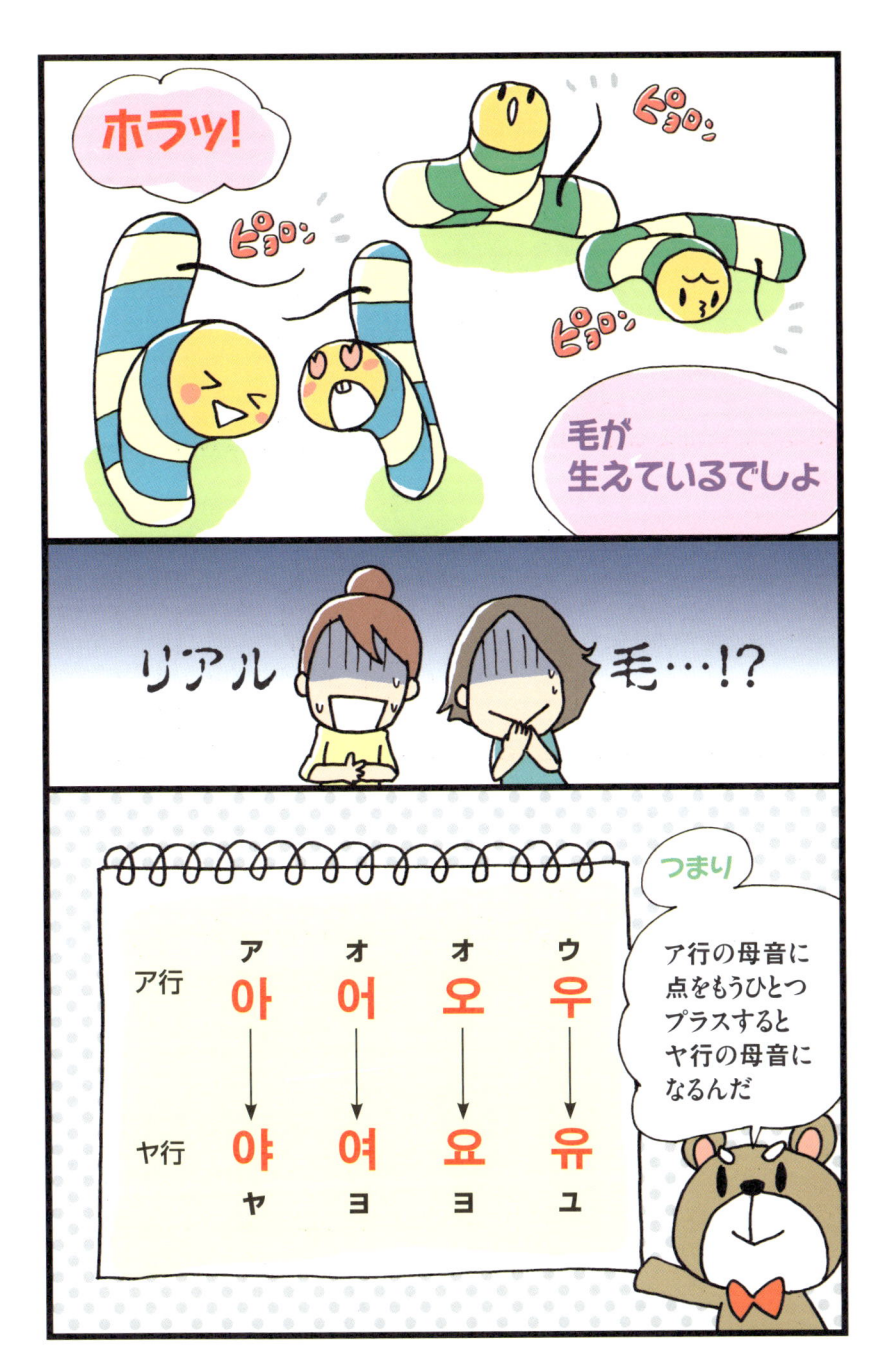

ピョロン

ピョロン

ピョロン

毛が生えているでしょ

リアル 毛…!?

	ア	オ	オ	ウ
ア行	아	어	오	우
	↓	↓	↓	↓
ヤ行	야	여	요	유
	ヤ	ヨ	ヨ	ユ

つまり

ア行の母音に点をもうひとつプラスするとヤ行の母音になるんだ

母音の仲間たち

あっけぃ...

え？ どれも点(毛)ひとつの違い!?

本当に!?

そう！"点々の縦横"は「ヤ」「ユ」「ヨ」なんだ

ガーン

カンタンすぎる

こんなに簡単に覚えていいのかしら…

コソコソ

子音と組み合わせるとこう！

ㅅ ＋ ㅑ ＝ 샤

サクランボの [s]　　点々のある縦 [ya]　　シャ [sya]

ヤ・ユ・ヨが母音ってこういうことか

なるほど

これで10個！
ヤ・ユ・ヨが
母音になる感覚に
慣れてくると
読みやすくなるね

シャーは
シャモジの
シャー♪

アイウ…

でも、まだ
**覚えていない
母音が…**

そういえば……

エ!!

はい
これが「エ」

애 에

ばーん

また2個あった…

じっ… …

!!

母音の仲間たち

あの〜 また発音はテキトーでいいですか?

うん!! この2文字は韓国でも区別されなくなったんだ

大丈夫!

ポッ

できたー!

見て!! 箸袋で作ったの

くる

くる

どっちも「エ」でしょ

あんな覚え方もあるみたい

くるっ
くるっ

ケ	ㄱ	개	게
ネ		내	네
メ		매	메
セ		새	세

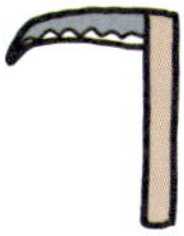

"エイチのエ"で両方覚えよう

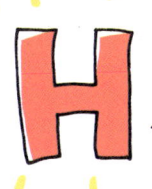

H

子音と組み合わせて！さっきより読みやすいよ

母音の仲間たち

これで読めるように
なることばがコレ

애인
エイン
(恋人)

きゃ♡

そしてコレ

매우 만족
メウ マンジョク
(とても満足)

おなかいっぱい
食べたら使おう〜

さらにこれも

계집애
ケジベ

コレは?
娘!?

ちがっ…!!

私は知ってるわ

娘は娘でも
小娘ってことでしょ

年下の女に
男を取られたら
言ってやりな

ドラマによく
出てくるもの

…ウン

계집애!!!
ケジベ

よく知ってるな～～

さてこれにも毛が生えて…

サラサラリ

こう!

애 예

ア行の「エ」がヤ行になるってどういうことだろう?

ヤィユェヨ…

両方とも「イエ」

は〜ん　なるほ
イェーイ!
カナ!　あっ!!
チャミスルの
空きビン増えてる
まぁいいよ…
母音はちょうど
終わったし
ちびちび
やってました
イェーーイ!!
サンキュー
で〜す!
イェーイ!!
では
カナはお先に
寝ま〜〜す
ヒロッ
ぐ゛ー
わっ!!
寝るな
起きろ
ホラッ!!

それそれ その「ほら」

韓国語では「야〜」(ヤー)って言うんだ

야〜!!! 起きろ〜

じゃあボクはそろそろ帰ろうかな〜

そんな!! 見捨てないでよ 裏切り者〜〜〜

ちなみに「裏切り者」は韓国語で「배신자」(ペシンチャ)だから覚えたての母音が入っているね

それじゃっ! ちゃんと復習しておいてね

残りは現地で教えるから

배신자

まだ読めないくやしー!!

Chapter 4
子音の仲間たち

韓国

到着!!!!!

そして

暑〜い!!

夏の気温は日本とほとんどいっしょだよ

日本も今 夏でしょ？

ただ夏は雨の量がすごく多いから今日は貴重な晴れに感謝だよ

私もそれ知ってたわ

だから夏に韓国へ行くなら傘を忘れないようにね

そういう情報は日本で教えてよ……

持ってさえないは

ほら！早くバス乗ってホテルに行こうよ	**あった！エアポートバス**
	공항버스 AIRPORT BUS ……お!?

このハングル 右の2文字 読めるかも！

공항버스

버	스
ㅁ + ㅓ	ㅅ + ㅡ
マッチ箱の[m] / 左or右の[o]	サクランボの[s] / 縦言う横の[ウ]
モ?	ス?

えーと

バスはハングルで「モス」って言うのかな？

モス??

子音の仲間たち 69

惜しいっ!!!!
これは"マッチ箱のm"ではないんだ
気をつけて!

ㅁ ≠ ㅂ

マッチ箱のm　今回覚える字

ということは ㅂ は [p] ね

そう

さっきのは
버스
ポ ス
と読むよ

意味はバスだね

ㅁとㅂはフォントの差かと思ってたわ

私も!
ㅇとㅁも一緒と思っていたし…

日本語で「ロ」を「○」って書くんもあるじゃない

…………

ハングルの手書き文字はもっと読みづらいんだよ〜

そーよね

うんうん

言わないでおこうっと

おさらいページを見て慣れてね

さあさあ さっきの文字をちゃんと覚えよう

マッチ箱に〜〜

……

パッ

っと!

マッチ箱に〜〜

パッと!

ㅁ　ㅂ

パッと!!

つまり "パッとの p" ね

ㅂ → → P

子音の仲間たち　11

72 Chapter 4

ひどいよ2人とも!!
バスの中から ㅂ の看板を探していくよ

いいね
は〜い!

さっそく見つけたわ!
「プ」ね
부동산
부동산 プドンサンは 不動産だよ

あれもホラ
あの電車は **부산역**行き
부산역
プサンって釜山!?
そう!!

라이브
手描きは読めないよ〜
라이브はライブだね

あっ〜
ㅂ探しで白熱しちゃった
おータオル!!
そのタオルで覚える文字もあるんだよ!

子音の仲間たち

この文字

"タオルのㅌ"

タオルをたたんで…

↙ココね!!

先生っ!
それってマッチ箱の
ココんとこでは?

モゴゴ

わあ!
私のタオルが
役に立って
うれしーーい♥

← 大人対応

ㅌ → □ → ㅌ

母音と組み合わせるときは
日本語のタ行とは
少し違うから気をつけて

타 タ

토 ト

트 トゥ

디 ティ

ツじゃ
ないよ

チじゃ
ないよ

この字
どこかで
見たような…

うーん

そうか!空港だ!!

よく覚えたわね

うん!
オシャレな人の家に
ありそうな棚のカタチ
だなあって思ってたんだ

たしかに
ありそう

ウン

"ハングル家具"
とか作って
ひともうけ
どう!?

母音の ㅗ は
安定するわ

どーぞ
ご自由に

さぁ着いた!
ここのホテルよ
わぁ!
ステキな
らせん階段がある
テンション
上がる~~♥
ありがとう
いいでしょ♪
HPで見て
値段も手
ごろだったし
即決
しちゃった
じゃあここで
この文字を
覚えよう
"らせん階段のr"
ほわ~
らせん階段♡
ㄹ
これは!
おなじみ
"辛ラーメン"の
パッケージに
あった文字じゃ
ないですかっ
辛 라면
大好物

昨日も食べながら
見てて

母音は「ア」だな〜
子音はなんだろう!?

って考えて
たのよー

あらまあ
オホホ

オホホ

라면
ラミョン
(ラーメン)

ハングルは
日本語と似ている
単語が多いから
覚えやすいね

わーい!
ラーメン
覚えちゃった

라면♪
라면♪

"ラーメンのr"に
すればいいのに…

うう…

ㄹ → ㅏ → r

子音の仲間たち

はい!

ラーメンは終わり!!
部屋に荷物を置いたら
さっそく出かけますよ〜

ありがとー

はーい
えーと今
14時
だから…

おや!?
それは
スウォッチ?

そうですよーー

ではここで
もう1文字

この文字
なんだけど

カタカナの
「ス」に
似てるでしょ

だから ㅈ を見たら
スウォッチを
思い出すといいよ

ということは
"スウォッチの**s**"?

でも**s**なら
サクランボの
人もあったよ

また2つ?

いや
この文字は

**スウォッチの
チの音**

[tʃ]
なんだ

ㅈ

「ス」に
似てる

「ス」といえば
スウォッチ
つまり
「ス」
は
「チ」

こういう
連想してね

**チの音
[tʃ]**

ㅈ → 🕐 → tʃ

なるほど

今までの覚え方とは少しだけ違うから間違えないように注意しなきゃ！

そう注意！

まさしくこの文字だね

주의
チュイ

日本語の「注意」に似てるのね

주의でわかるように母音とくっつくと「チャ」「チュ」「チョ」になるよ

ヤ行の母音を使わなくてもその音になるのね

ふーん…

자
チャ

주
チュ

저
チョ

実は
フタの言葉もあるよ

これがそう
"フタの h"

う～～～ん
少し混乱してきたっ

逃げないで
私の記憶……

頭にフタ！

言 → 🍲 → h

最初に覚えた
"アンパンの○"に
フタをしてるような
ものが"フタのh"

○だけど
母音のしるしでは
ないのね

hだから母音との
組み合わせも
カンタン

子音の仲間たち　81

もうダメ
一回
ストップ!!!
わからん〜〜〜
大丈夫?
落ち着け
해물탕
(ヘムルタン)
のhだぞ
え?
해물탕
ヘムルタン
これも
大好物
もう大丈夫!
ㅎは“フタのh”で
해물탕のㅎね
わかった!!
早く食べに
行こう!!
さすがの
食欲ね……
おそれ
いるわ
한글(ハングル)のh
でもあるんだけど
興味は……
ないわね
さぁ
復習しようか

ㅂ	パッとのp

바	비	부	브	보	버
パ	ピ	プ	プ	ポ	ポ

ㄷ	タオルのt

다	디	두	드	도	더
タ	ティ	トゥ	トゥ	ト	ト

ㄹ	らせん階段のr

라	리	루	르	로	러
ラ	リ	ル	ル	ロ	ロ

ㅈ	スウォッチのtʃ

자	지	주	즈	조	저
チャ	チ	チュ	チュ	チョ	チョ

ㅎ	フタのh

하	히	후	흐	호	허
ハ	ヒ	フ	フ	ホ	ホ

子音の仲間たち

Chapter 5
似て非なる激音・濃音

ヘムルタン！
해물탕!
海鮮鍋！

ずんずん

ゆっくり行こうよ〜

つつ

ヒチョマルくん
あれってケンタッキーよね

케이 에프씨

KFC

うんそうだね

ケンタッキーだったら1文字目は"カマのk"のㄱじゃないの？

케이 에프 씨

何あの「ㅋ」？

あ〜あれは
"カマのk"の
⏋に毛が
生えたんだ

また 毛…!?

そう
たまに子音にも
毛が生えるん
だよね

激音

って言うんだけど

しかも 激!?

なんか不安

激音は
この4文字を
覚えるといいよ

平音　　激音

ㄱ → ㅋ

ㄷ → ㅌ

ㅂ → ㅍ

ㅈ → ㅊ

ㅂだけは
ちょっと
違うから
気をつけて

ろうそくの火を
吹き消すイメージで
息をいっぱい出して
発音するんだ

토마토
トマト

カタカナで書くと
どっちも
いっしょだけどね

だからさっきの店は
케이 에프 씨
ケイ　エプ　シ

「KFC」という略を
そのまま読んだ
表記だったのね

あっ
スタバもある!

これも激音が
入ってるわ!

스타벅스で
「スタボクス」
って読めるよね

스타벅스커피

つづきは
読めるね?

커피

"カマのk"
の激音

"パッとのp"
の激音

「コピ」ね!

コーヒーは
「コピ」なんだ
カワイイ
読める
読める!
스타벅스 커피
모카
유자차
それから
모카は
モカ!
モ
カ
その下は…
차
チャ!?
お茶のこと?
そう
茶
韓国でも
茶=차(チャ)
と言うんだよ
これは
ユズ茶
こっちは
トウモロコシ
茶だよ
유자차
옥수수차

さて激音ついでに
覚えておきたいのが…
濃!
濃音
激とか濃とか
ハングルって
強そうだわ
えーと…
ゴソ ゴソ
??
異次元に
通じてない
でしょうね
あった!
빼빼로
ポッキーとは
似て非なる
お菓子
빼빼로 ペペロ!!
こういう
“似て非なる系”の
商品を探すのも
おもしろいよ
わー
ストップ!
ストップ!!
しかも
無表情で
言わないで

빼빼로
ッペ　ッペ　ロ

ㅂが2つ重なっているでしょ

これを濃音といってのどを詰まらせるように発音するんだ

平音	濃音	発音例
ㄱ → ㄲ		がっかり
ㄷ → ㄸ		ばったり
ㅂ → ㅃ		やっぱり
ㅅ → ㅆ		あっさり
ㅈ → ㅉ		ぽっちゃり

「っ」が入るから激音よりわかりやすいわ

あっ ポッキーだ!
食べる♪ 食べる♪

似て非なるものよ

濃音は
ローマ字で
書くときの「っ」
みたいね
うっかり
=
ukkari
そうね!
ちょっと!
私ペペロのCM
新しく考えちゃった
うっかり
ちゃっかり
パク
パク
빠빼로
ちゃんと
濃音風よ
この“パクパク”には
別の意味も含ま…
ずいっ
わーーー!!!
それ以上は
ダメっ!
しかもそれ日本語だし
ちなみに
ハングルでおいしく食事を
している様子を表す語はコレ!
냠 냠
ニャム ニャム

おさらい 3 お店の中にあるハングルに触れ合おう

에스프레소
エスプレソ
(エスプレッソ)

아메리카노
アメリカノ
(アメリカン)

카푸치노
カプチノ
(カプチーノ)

카페 라떼
カペラッテ
(カフェラテ)

카라멜
カラメル
(キャラメル)

바닐라
パニルラ
(バニラ)

젤라또 추가(콜드 크레페) Add Gelato
치즈케익 추가(콜드 크레페) Add Cheese Cake

COFFEE & BEVERAG

ESPRESSO BASIC / Coffee　　　　　　　　HOT
　에스프레소 Espresso　　　　　　　　　　　3.5
　아메리카노 Americano　　　　　　　　　　3.0
　카푸치노 Cappuccino　　　　　　　　　　　3.5
　카페라떼 Cafe Latte　　　　　　　　　　　3.5

ESPRESSO CCINO / Coffee Blended
　카라멜로치노 Caramellowccino　　　　　　4.5
　다크모카치노 Dark Mochaccino　　　　　　4.5
　바닐라빈치노 Vanilla Beanccino　　　　　　4.5
　아포가토 Affogato

旅行に行ったらコーヒーショップやスーパーマーケットなどに立ち寄りたいもの。そこには、ハングルで書かれたメニューやポップなどがいっぱい。もう読めるようになったものからこれから習うものまでいろいろありますが、気になる商品をチェックしましょう。

블랙티 라떼 Black Tea Latte　　　4.0 / 4.5
핫초코 Hot Choco　　　3.5
아이스초코 Ice Choco　　　4.0

핫
ハッ(ホット)

아이스 초코
アイスチョコ
(アイスチョコ)

MAROPPE　Ice Blended
카라멜마로페 Caramel Maroppe　　　5.5
모카마로페 Mocha Maroppe　　　5.5
쿠앤크마로페 Cookie & Cream Maroppe　　　5.5
그린티마로페 Green Tea Maroppe　　　5.5

모카
モカ(モカ)

Natural Tea
카모마일 Camomile　　　4.0 / 4.5
얼그레이 Earl Grey　　　4.0 / 4.5
히비스커스 Hibiscus　　　4.0 / 4.5
레몬그라스 Lemongrass　　　4.0 / 4.5
페퍼민트 Peppermint　　　4.0 / 4.5
쟈스민 Jasmin　　　4.0 / 4.5
녹차 Green Tea　　　4.0 / 4.5

쟈스민
チャスミン
(ジャスミン)

녹차
ヌクチャ
(緑茶)

> コーヒーショップはカタカナの商品が多いからあまり日本語と変わらないね。ただ、のばす音や濁点がないものあるので、気をつけて読んでみよう

| 개 ケ (個) | 가지 カジ (ナス) | 봉 ポン (袋) |

손큰 파프리카(개)
1,900

건강한 보라빛 채소 가지

송이버섯(봉)
4,400

가지(3입)(봉)
3,900

파프리카
パプリカ
(パプリカ)

입
イプ (入)

| 건고사리 コンコサリ (乾燥ワラビ) | 상추 サンチュ (サンチュ) | 깻잎 ケンニプ (エゴマの葉) |

예냉 상추혼합
1,800

깻잎(5묶음)
1,80

건고사리
9,500

돌나물
1,200

돌나물
トルナムル
(ツルマンネングサ)

할인
ハリン
（割引）

35% 할인
크라운 논산딸기 산도
323 g × 16입
2,450

10% 할인
크라운 참잉치즈레몬
360 g
3,450

증정
チュンジョン
（贈呈）

신라면블랙
シンラミョンブルレク
（辛ラーメンブラック）

5+1 증정
팔도 비빔면
130 g × 5
3,600

롯데마트 서울역점은 4/13(일), 4/27(일) 이틀만 휴무합니다

농심 신라면블랙(4입)
4입
4,800

신라면 블랙(멀티팩)

4+
풀무원 고
4입

라면がラーメン
なのは覚えたよ!!

할인は絶対
覚えておきたい言葉ね

기획상품
キフェクサンプム
（企画商品）

붕어빵
プンオッパン
（たい焼き）

오리온 참붕어빵세트 4袋入×4箱
464 g
기획상품
7,800

Chapter 6
意外と簡単パッチム

今日はドラマのロケ地を訪問しますよ——

いえーい

はーい

ヒチョマルくんはまだ寝てるから私のバッグに入れておくね

うん！ありがとう

ロケ地めぐりのあとは

俳優さんの事務所に行って

次はアイドルの事務所でしょ

それから…

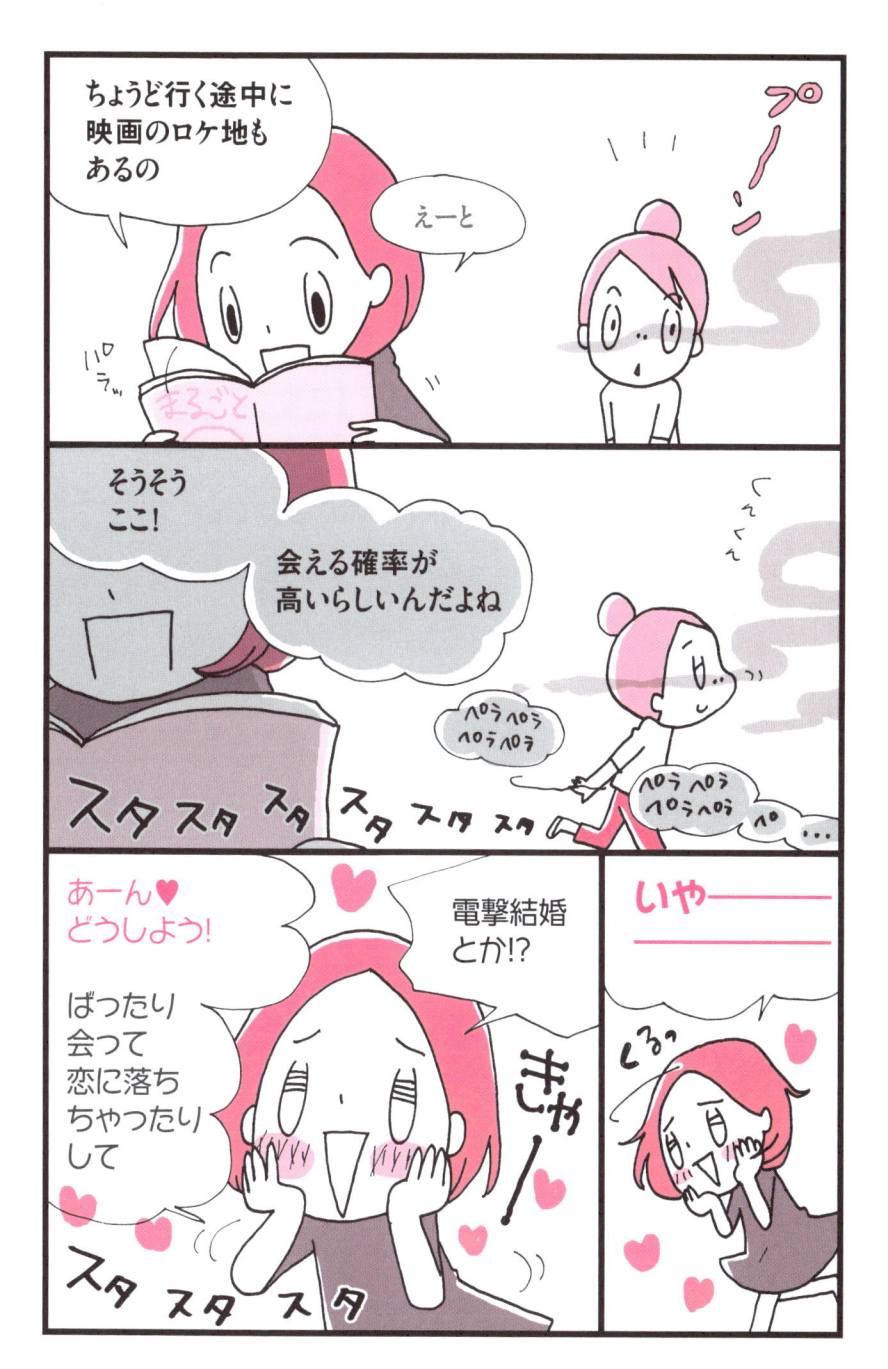

ちょうど行く途中に
映画のロケ地も
あるの

えーと

そうそう
ここ！

会える確率が
高いらしいんだよね

あーん♡
どうしよう！

ばったり
会って
恋に落ち
ちゃったり
して

電撃結婚
とか!?

いや———

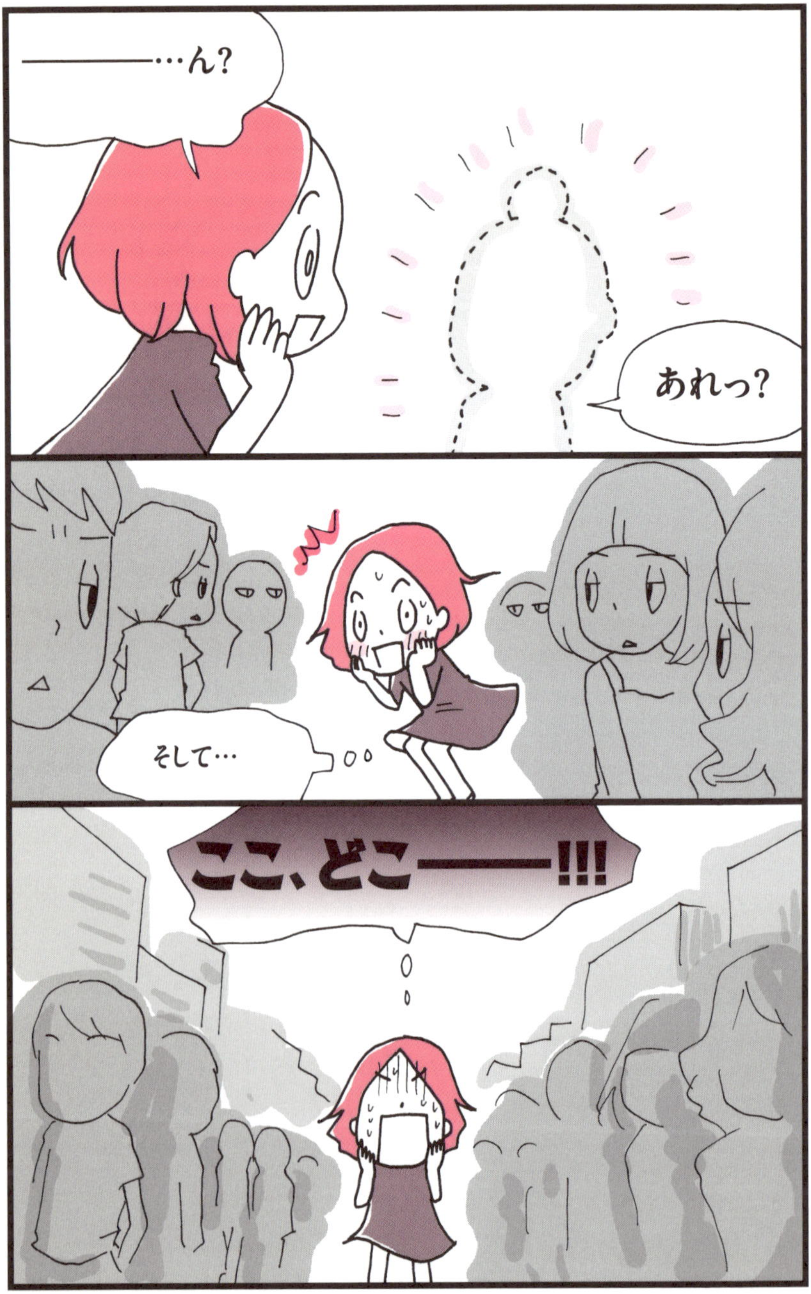

――――…ん?
あれっ?
そして…
ここ、どこ―――!!!

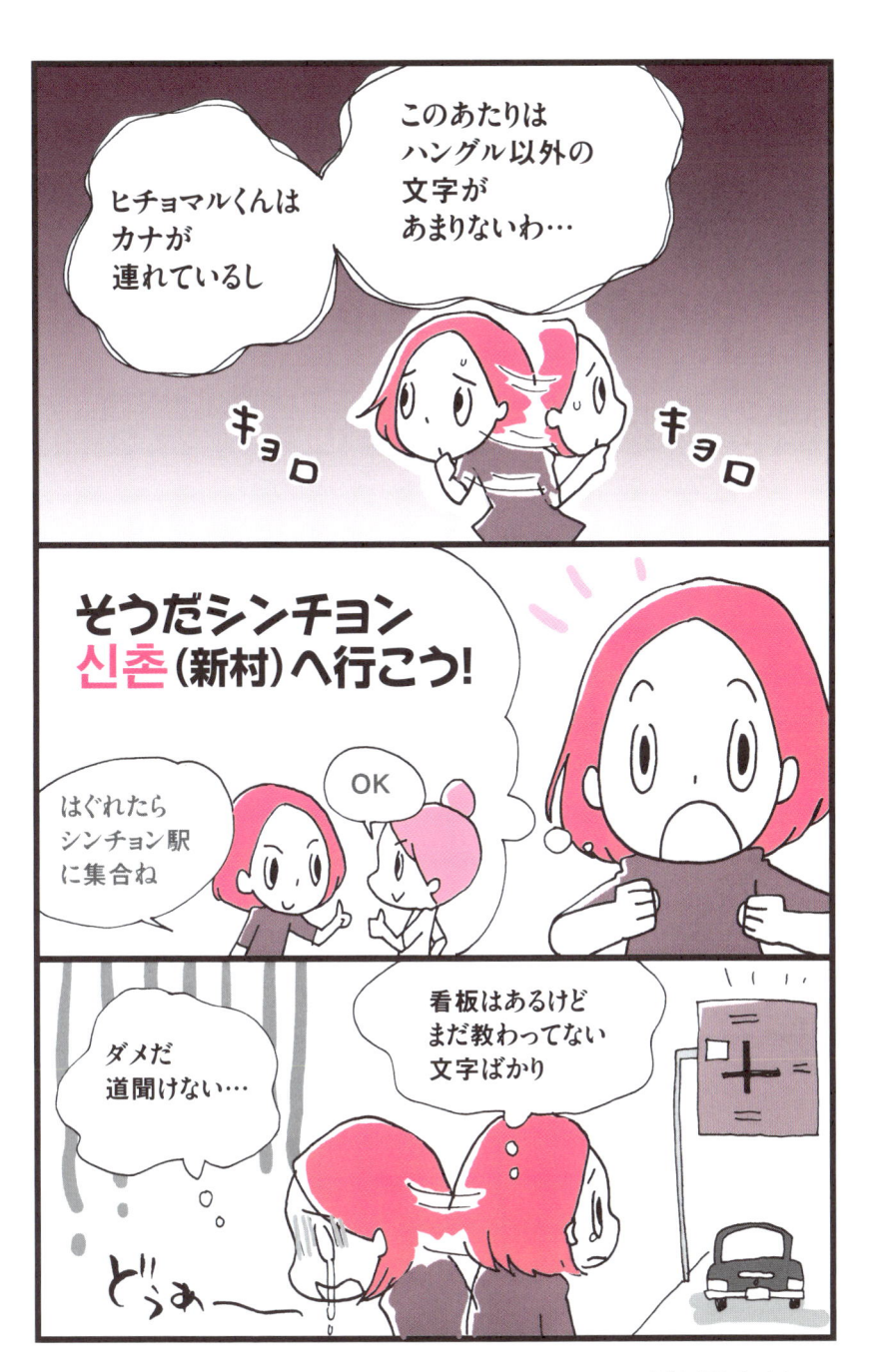

このあたりはハングル以外の文字があまりないわ…

ヒチョマルくんはカナが連れているし

キョロ キョロ

そうだシンチョン
신촌(新村)へ行こう!

はぐれたらシンチョン駅に集合ね

OK

ダメだ道聞けない…

看板はあるけどまだ教わってない文字ばかり

どぅあ〜

意外と簡単パッチム

でも…

あれ?

あの字…

"サクランボのS"

"丸井のイ"

"スはチ"の毛が生えているものだから「チ」

신

촌

"ナスのn"

"上[オ][ウ]下"で「オ」

シン?

チョ…ン!?

シンチョンだ!

待ち合わせするシンチョン駅だ!!

あっちね!

ぐん ぐん

신촌역
Sinchon Station

あった!!

マサちゃーん

えーーん
よしよし
心細かったよう
ぎゅっ

でも
そのおかげでパッチムを読めるようになったね

よくわかったね!

ところで
カナは?

店で…
ごはんを食べてるって…

こっちですー

は!?

キョロキョロ

バタン

カナ〜〜!

やっほー

ご、ごめんなさい

知ってる?
韓国では1人で
ごはんを食べる人は
かなり少ないんだよ

もうこのくらいで…

へ? なんで?

ごはんをいっしょに
食べる相手が
いないことは
とてもさびしいこと
という考え方なんだ
ちょっと
わかるかも
私も得意じゃ
ないし
ポ
日本では
1人で食べる人が
多くって
本当に驚いたよ
それでか…
けっこうジロジロ
見られて
いるなーって
思ってたんだ
さみしいヤツだと
思われてたのね
注文も2人前から
じゃないと受けつけない
お店も多いんだけど…
うん
2人前
ばーん
カナ…
おそろしい子!

まぁ…

コホン

あらためてパッチムの説明をするよ

今までの文字の組み合わせはこうだね

子 나 母
子 무 母

ここに

さらに子音文字をひとつ加えてつくる文字なんだ

나 무
ㅁ ㄴ
よいしょー こらしょー

この一番下で支える子音を **パッチム** と呼ぶんだ

たとえば… **キムチ!**

日本語 **キ¹ム²チ³**

ハングル **김¹치²**
kim chi

ハングルでは2文字で表せてしまうんだ

「기무치」とかだと思ってた

私も

次の音にいく前にいったん音を止める

その子音が**パッチム**だね

いったんストップです!

前の音

次の音

ゴロ ゴロ スタッ

意外と簡単パッチム

子音+母音

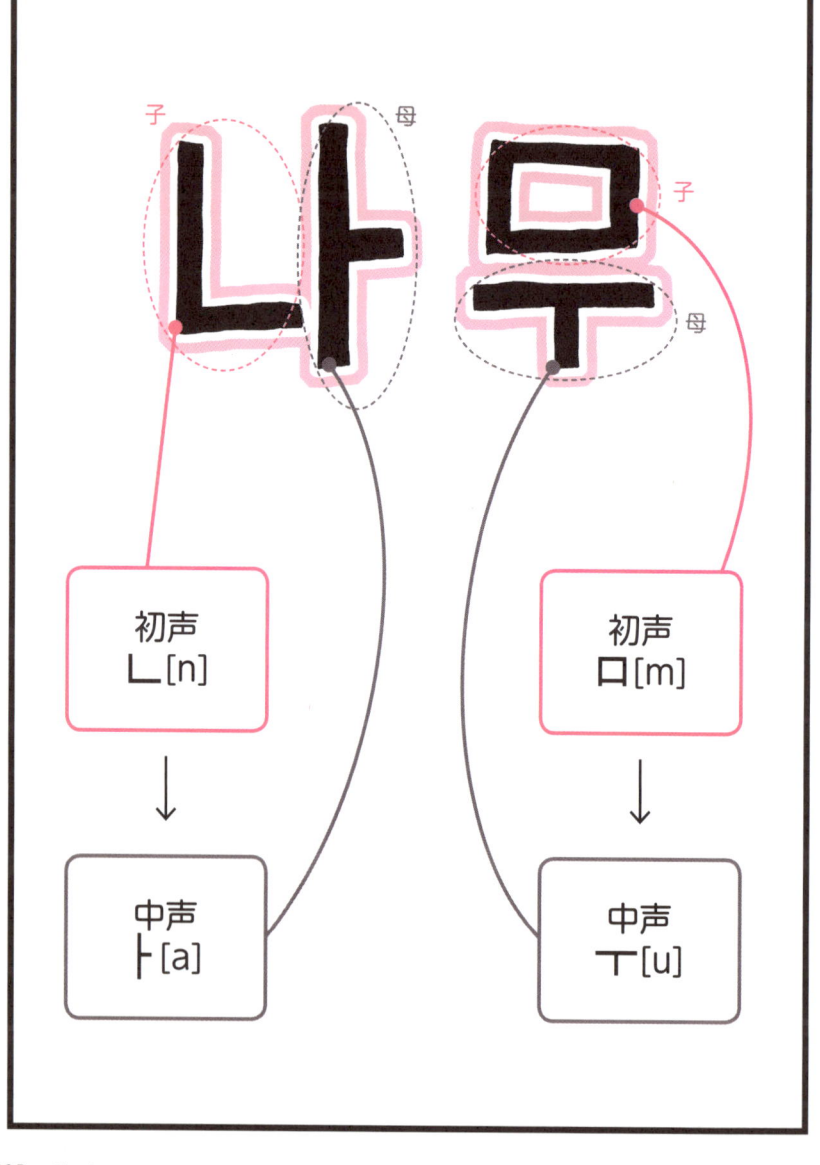

나무

子 / 母 / 子 / 母

初声
ㄴ [n]

↓

中声
ㅏ [a]

初声
ㅁ [m]

↓

中声
ㅜ [u]

子音+母音+子音

남 문

- 子 初声 ㄴ [n]
- 母 中声 ㅏ [a]
- 子 終声 ㅁ [m]

- 子 初声 ㅁ [m]
- 母 中声 ㅜ [u]
- 子 終声 ㄴ [n]

← これがパッチム →

意外と簡単パッチム

よし街へ出て
パッチムを探して
みよう!

おー!!

えっ まだ
食べ終わって
ないっっ

まずは
子音5兄弟の
パッチムだ

ㄱㄹㅁㅂㅅ

さっそく発見!
"カマのk"の
パッチムだ!

これは
"カマのk"のまま
「ク」を足せばOK

そうすると

약국

えーと…
ヤククク?

そう

薬局のことだよ

あそこには"ナスのn"のパッチム！

안내

これも"ナスのn"のまま「ン」を足すだけ

じゃあ…アンネ？

そう、안내は「案内」のこと！

ちょっとカナ

口のまわりにゴハンついてるんだけど

えへへ〜ありがと

「ありがとう」は韓国語で？

カムサハムニダ

それくらいは覚えてきました

意外と簡単パッチム

감사합니다
カム サ ハム ニ ダ

そう！
これが"マッチ箱のm"のパッチムだ

これもそのまま「ム」を足せばイイね

なんだ〜
パッチムはカンタンね

楽勝楽勝♪

全部そのまま足せばいいじゃん♪

それが違うんだよ
次のこの文字は注意して

ㅅ

"サクランボのs"だからそのまま「ス」を足すんじゃないの？

これは「ッ」なんだ

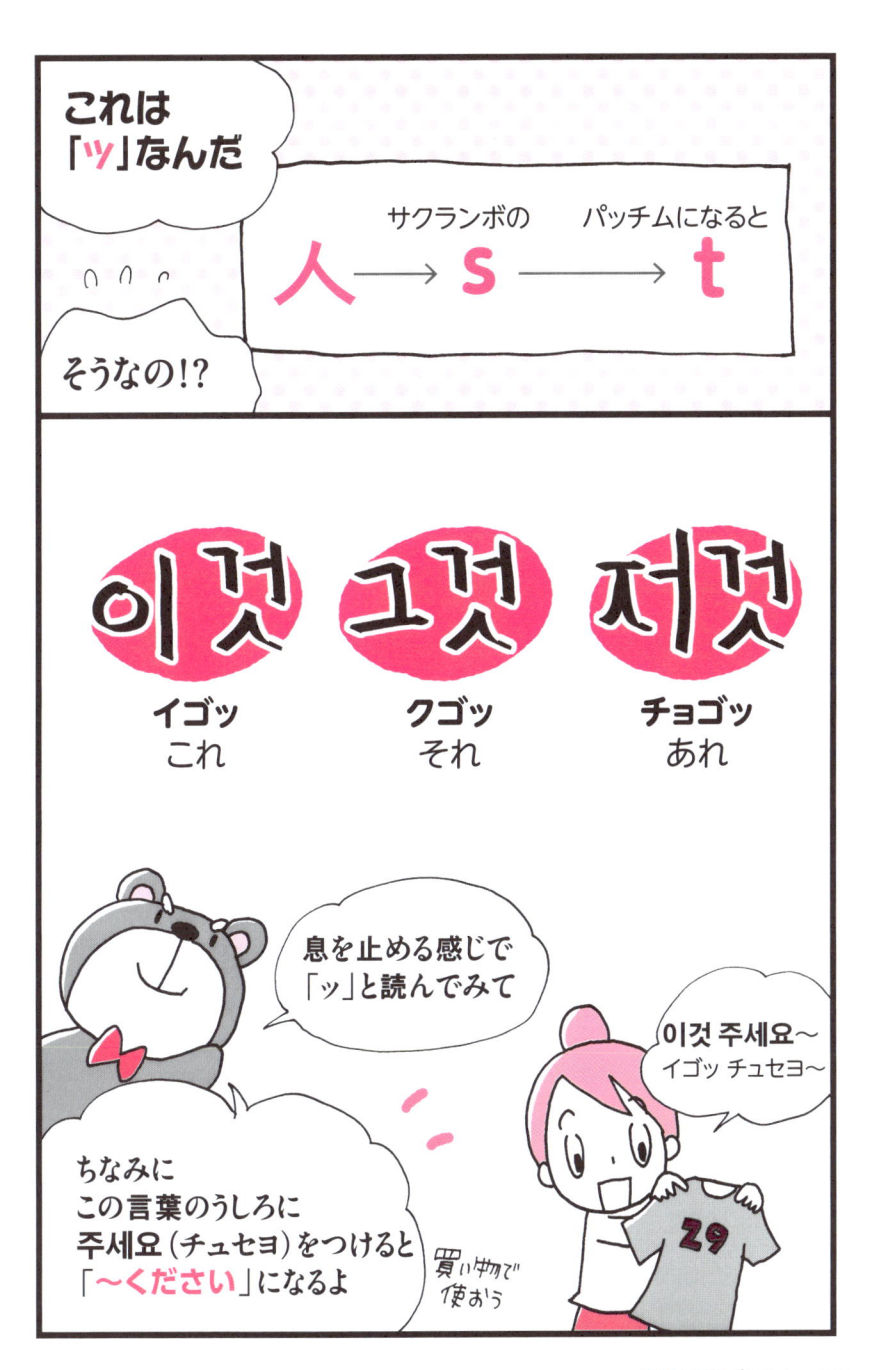

人 →（サクランボの）s →（パッチムになると）t

そうなの!?

이것 / 그것 / 저것

イゴッ これ **クゴッ** それ **チョゴッ** あれ

息を止める感じで「ッ」と読んでみて

이것 주세요～
イゴッ チュセヨ～

ちなみにこの言葉のうしろに주세요（チュセヨ）をつけると「〜ください」になるよ

買い物で使おう

意外と簡単パッチム 111

最後はこれ！
"アンパンの○"は
以前少しふれたけど
覚えてるかな？

명동

「ン」に
なるのよね

これは…
ミョンドン？

そう！　母音5兄弟のときに話したね

母音のしるしなので　　パッチムになると
○ → 発音なし ⟶ 「ン」

私が覚えて
いたのには
もうひとつ
理由があるのよ

それは…

사랑

「サラン」
この単語だけは知っていたのです

愛!!!

サランヘ〜♡
サランヘ〜♡

いつスターに会ってもいいように練習してたのよ

あれ!?
サランヘヨじゃないの?

日本ではこっちが浸透してない?

사랑해 → 愛してる
사랑해요 → 愛してます

敬語的表現

요がないほうがより身近な感じだね

なるほど
もうすでに近い人なのね

マサちゃん応援してるわ!

意外と簡単パッチム

あっ!
ボスからだ…

ボス?

もしもし!

はい はい

ヒチョル先生が
ボクを迎えに
金浦空港に
来るみたい

ボクらも
行こう!!

ボスって
呼んでるんだ…

空港へ行きながら
次は子音の仲間たちの
パッチムを探すよ

はーい

ㅂ ㄷ ㄹ ㅎ ㅈ

はいっ!
店の入り口に
"パッとのp"です

入口はまさに
「入口」という意味

입구

これもそのまま
「プ」を足して
「イプク」

こうして見ると街中パッチムだらけよね

표 사는 곳 ピョ サヌン ゴッ（切符売り場）

담배 タムベ（タバコ）

은행 ウンヘン（銀行）

そうね〜

このパッチムという言葉もパッチムだからね

받침

"タオルのt"もそのまま「ッ」だよ

ねぇ ㅊ のパッチムを見つけたんだけど

これ何の看板なんだろう？

銀行は違ったし

"スウォッチのtʃ"もパッチムでは「ッ」になるよ

どれどれ

意外と簡単パッチム　115

まぁ…
読んでみてごらん
全部読めるはずだよ
굿바이, 빚
“サクランボのs”も「ッ」になるから「クッパイ」?
“スウォッチのtʃ”も「ッ」になるから「ピッ」ね
「グッバイ、借金」って書いてあるんだよ
빚
借金
「ピッ」とかカワイイ音なのに
まさか「借金」だなんてハングルこわいわね…
ヒロ

ほらほら "フタのh" もあったよ!

정말 좋아요!

お店のPOP

「チョンマル チョアヨ」
「本当にいいです!」
だね

超オススメなんだね

"フタのh" も「ッ」になるよ

もしくは発音されない場合もあるけど

その違いはあまり気にしなくても大丈夫

また「ッ」?
パッチムは「ッ」が多いのね

…………

発音しないなら書かなきゃいいのにダメなのかなかな?

覚えやすくていいけど…

Parisの「s」とかもやめてほしいんだけど

コラコラ!!

あとはㄹのパッチムを

ハイ!

それなら

探さなくても言えま〜す!!!

삼겹살
サムギョプサル

설렁탕
ソルロンタン

참이슬
チャミスル

불고기
プルコギ

ㄹのパッチムはよく食べ物で見かけました

やっと読めるようになるのね

らせん階段の　　パッチム
ㄹ → r → l

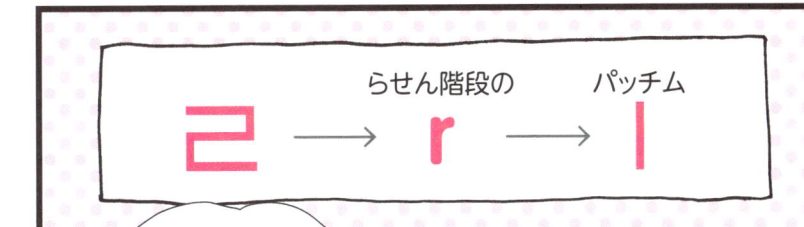

パッチムだと[l]になるけど発音の区別はないんだよ

つまり「ル」でいいのね

ちなみに日本でも有名なサムギョプサルは

こういう意味

삼 겹 살
サム ギョプ サル
三　層　肉
＝
三枚肉（バラ肉）

あれ？
ユッケの「육」が肉じゃなかったの？

육 회
ユク　フェ
肉　細く刻んだ刺身
＝
ユッケ

間違って覚えてたかな

よく知ってるね

意外と簡単パッチム

삼겹살
サム ギョプ サル
＝ 三枚肉

육회
ユクフェ
＝ 肉の刺身

両方とも意味は正しいよ

살 ＝ 肉 → 固有語

육 ＝ 肉 → 漢字語

そして両方とも肉という意味だ

ただし属性が違う！

韓国語

- 国有語
- 漢字語
- 外来語

すべてハングル表記

韓国語には
固有語と漢字語と
外来語があって
その多くをハングル
表記にしているんだ

グッバイも
ハングルだったでしょ？

日本語だと
外来語はおもに
カタカナよね

それ以外は
漢字＋ひらがな
がほとんどかな？

そういう
書き分けが
ないからちょっと
ややこしいんだ

たとえば遊園地

놀이 공원
ノリ　コンウォン

固有語＋漢字語

유원지
ユウォンチ

漢字語

ひゃ〜
たしかにそれは
混乱するなぁ〜

でもまぁ
**読むぶんにはどっちも
いっしょだからね**

さぁ着いたよ!!

みんなー

せんせええ〜

あれ〜？
さっきはボスって
言ってたのにな〜？

シーッ　それは
内緒なの！

おさらい 4 韓国の電車にまつわるハングル

ソウルは電車が充実しているので移動手段に使うのがピッタリ!!
そんな電車にまつわるハングルをちょっとおさらい。
駅名は意外と読めるようになっているので驚くかも!?

누리로 ヌリロ
새마을 セマウル
무궁화 ムグンファ
ソウル駅に発着する特急電車。
地方都市まですぐに行ける

승차권
スンチャクオン（乗車券）
自動券売機もあるが特急電
車などは対面式で購入

[경부선 하행] 　승차권 발매현황　현재시각 11:14

열차이름	열차번호	출발시각	대전	동대구	신경주	울산	부산	차량/경유
누리로	1731	11:20	-	-	-	-	-	
새마을	1023	11:50	좌석 13:45	좌석 15:33	-	-	-	
KTX	133	12:00	좌석 13:01	좌석 13:57	-	좌석 14:21	좌석 14:43	
무궁화	1311	12:05	좌석 14:09	-	-	-	-	

표사는곳 Tickets 買票所 (전국각역 KTX・새마을호・누리로・무궁

나오는곳
(WAY OUT)

표 사는 곳
ピョ サヌン ゴッ（切符売り場）
표（ピョ）は切符、
곳（コッ）は場所の意味

나오는 곳
ナオヌン ゴッ（出口）
出口のことは
출구（チュルグ）とも書く

	●	대공원 Seoul Grand Park 大公園
	●	경마공원 Seoul Racecourse Park 競馬公園
	●	선바위 Seonbawi
	●	남태령 Namtaeryeong 南泰嶺
2호선	●	사당 Sadang 舍堂
7호선	●	총신대입구 Chongshin Univ. 總神大入口
9호선	●	동작 Dongjak 銅雀
중앙선	●	이촌 Ichon 二村
	●	신용산 Sinyongsan 新龍山
6호선	●	삼각지 Samgakji 三角地
	●	숙대입구 Sookmyung Women's Univ. 淑大入口
1호선	●	서울역 Seoul Station
	●	회현 Hoehyeon 會賢
	●	명동 Myeong-dong 明洞
3호선	●	충무로 Chungmuro 忠武路
2호선		동대문역사문화공원 Dongdaemun History & Culture Park 東大門歴史文化公園
		현위치 You are here

사당
サダン
(舎堂)

동작
トンジャク
(銅雀)

이촌
イチョン
(二村)

삼각지
サムガクチ
(三角地)

서울역
ソウルリョク
(ソウル駅)

명동
ミョンドン
(明洞)

동대문
トンデムン
(東大門)

호선
ホソン
(号線)

> 地下鉄の駅名はけっこう読めるようになってる♪

갈아타는 곳
カラタヌン ゴッ
(乗り換え口)
갈아타는(カラタヌン)が乗り換えの意味

2호선 갈아타는 곳　Transfer To Line 2
2號線 換乗

ウルチロサガ
(乙支路4街)

←

シチョン
(市庁)

을지로4가
Euljiro 4(sa)-ga
乙支路4街

을지로3가
Euljiro 3(sam)-ga
乙支路3街

시 청
City Hall
市廳

홍대입구
Hongik Univ.
弘大入口

합 정
Hapjeong
合井

신도림
Sindorim
新道林

ウルチロサムガ
(乙支路3街)

ホンデイプク
(弘大入口)

ハプチョン
(合井)

シンドリム
(新道林)

> 명동(ミョンドン)は旅行客だったら絶対行く場所よね

Chapter 7
ダブル母音&ダブルパッチム

どうですか?
韓国を満喫していますか?

はい!

ハングルが読めるようになったらメニューを見るのがますます楽しくて食べ過ぎそうです

太らないようにしなきゃ

私なんてハングルが読めたおかげで命拾いしました

ラっ…

!?

えっ!?
韓国はそんなに治安が悪かったけ!?

誤解っ!!!!!!

迷子になっただけでしょ～ もう～～

コマ	セリフ
1	次の予定まで少しですがコーヒーでも飲みながら…　そうでしたかあはは
2	先生〜　**커피** コピ　でしょ
3	おや！
4	(湯気の立つマグカップ)
5	このタヌキスパルタでしたよ〜
6	もうそこまで覚えましたか！がんばりましたねでも簡単だったでしょ　もうパッチムも大丈夫なんて　ヒチョマルくんもよくやってくれました　なでなで
7	クマだ！クマ!!　うううう

ダブル母音&ダブルパッチム

あとは

母音が2つ入った
ダブル母音

子音が2つ入った
ダブルパッチム

例えば

원

닭

これって…！

そう
お札で見覚えが
あるでしょう？

천원　1000

만원　10000

ここで覚えちゃいましょう

ダブル母音

2つの母音が重なった文字だよ

와

元の2つの母音に分けると…

오+아=[o]+[a]

最初の母音は[w]に変換

[w]+[a]=[wa] ワ

同様に

워 =우+어
[u]+[ɔ]

[w]+[ɔ]=[wɔ] ウォ

오의 仲間

お

ㅗ + ㅏ [a] = ㅘ [oa→wa] ワ
　　 ㅣ [i] = ㅚ [oi→we] ウェ　← これだけ読み方が変わるよ
　　 ㅐ [ɛ] = ㅙ [oɛ→wɛ] ウェ

たとえば…

화 = ㅎ + ㅗ + ㅏ = [hwa] ファ
　　　 [h]　[o→w]　[a]

우의 仲間

う

ㅜ + ㅓ [ɔ] = ㅝ [uɔ→wɔ] ウォ
　　 ㅣ [i] = ㅟ [ui→wi] ウィ
　　 ㅔ [e] = ㅞ [ue→we] ウェ

たとえば…

뭐 = ㅁ + ㅜ + ㅓ = [mwɔ] ムォ
　　　 [m]　[u→w]　[ɔ]

上の3つの「ウェ」はすべて同じ音だよ

二重母音

> 助詞の場合は「에」で「エ」という発音になるよ

ー + | = ᅴ [ɰi] ウイ
[ɰ]　[i]

ダブルパッチム

> パッチムが2つついている文字だよ

> 2つあっても実際は片方しか発音しないんだ

> おおよその規則がコレ

左の文字を読む場合

ㄴㅈ・ㄴㅎ	ㄴ [n]	**앉다** アンタ(座る) **않다** アンタ(〜ない)
ㄹㅎ	ㄹ [l]	**앓다** アルタ(病む)
ㅂㅅ	ㅂ [p]	**값** カプ(値段) **없다** オプタ(ない)
ㄹㅂ	ㄹ [l]	**떫다** ットルッタ(渋い)

右の文字を読む場合

ㄹㄱ	ㄱ [k]	닭 タク(鶏) 흙 フク(土)
ㄹㅁ	ㅁ [m]	삶 サム(生) 앎 アム(知識)

数字の20&27に似てる! この2つが右なのね♪

20　27

うしろに母音文字がつづく場合は連音化現象がおきるから要注意!!

값이 カプシ (値段が)　　**맑음** マルグム (晴れ)

いつもは読まないけど次が母音なので読もう

さてこれで最後ですよ

韓国語って「アナダ」「ワダシ」とにごったイメージがありませんか?

あるある!「〜ニダ」とか

あはは そうですね

たとえば「すいとん」にしましょう

読めますか?

スチェピ?

いいえこれは

スヂェビ

なんです

語頭の「제」は「チェ」ですが
語中の「제」は「ヂェ」と
濁点がつきます

「チェ〜〜〜」

「비」も同様に
語中だと「ビ」に
なります

「〜〜ヂェ〜」

にごる文字

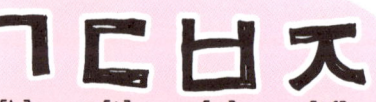

ㄱ ㄷ ㅂ ㅈ
[k] [t] [p] [tʃ]

にごらない文字

ㅅ ㅎ
[s] [h]

それに
激音と濃音のときは
にごらないよ

サ行とハ行が
例外だと
覚えておこう

また
パッチムのㄴㅁㄹの
次もにごるよ!

おぉ!

実はそれずっと気になっていました!!

大好きなドラマ「冬のソナタ」の最後の文字が"カマのk"なのにどうして「ガ」なんだろうって…

겨울연가
キョウルヨンガ

さっき話した「〜ニダ」もそうだよ

니다
ニダ

私はプルゴギやサムゲタンが…

불고기
プルゴギ

삼계탕
サムゲタン

あとは
ダブルパッチムの
ときでなくても
連音化はするから

そこに気をつけて
読んでいこう!!

はい! それ

『맛있어요!』
マシッソヨ
(おいしいです!)

『멋있어요!』
モシッソヨ
(カッコイイです!)

コレのこと
ですよね!?

こりゃ
頼もしいや

おさらい 5　街にあふれている ハングルを読もう

ここまできたらソウルの町並みのハングルはすべて読めるはず。
…なんですが、街の看板の文字にはいろんなフォントがあって
読みづらいなんてものもチラホラ。これは慣れるのがイチバンなので、
できるだけ多くの文字と触れ合ってハングルに親しみを覚えましょう。

소 ソ

굿 クッ

참 チャム

한 ハン

ㅈㅊㅅあたりが間違えやすいよ！

Chapter 8
読めるようになった

ヒチョル先生と
ヒチョマルくんと別れ

あーりがとうございました

まだ会いましょうね。

残り少ない
韓国旅行を満喫し

帰国の日になりました

**金浦空港に
着いたよ〜**

김포국제공항

じっ…

キム ポ ク チェ ハン ゴン

読めるようになった

読めたー!!!

韓国語読めるねわたしたち

よ〜し最後にもうひと読み

行きますか!!!

김치
キムチ

유자차
ユジャチャ
(ゆず茶)

김
キム(海苔)

립글로즈
リップグルロズ
(リップグロス)

마스카라
マスカラ

마스크팩
マスクペク
(マスクシート)

로션
ロション
(ローション)

너구리
ノグリ(たぬき)

ずっしり

買いすぎた…

いや〜
あっという間だったね

ハングルが
読めたおかげで
楽しさ倍増だったよ

ん〜

やっと一息
つける感じ

もっと勉強して
また来ようかな?
もっと
楽しめるよ!

とにかく今回は
おなか
いっぱいに
なったし満足!!

うん
わたしも
…
わたし…？
ハッ!!
!!
あ〜結局ロケ地めぐりしてない———!!!
事務所も
TV局も!!
さー寝ようっと
誰にも会わずに
帰国なんて
イヤよ〜〜〜!!!
次は日本で
会いましょう

カナ文字・ハングル対照表

ハングルをカタカナの五十音に当てはめた表。これを見れば自分の名前もハングルで書けるようになるね♪

● 2文字ある場合…
左側は語頭、右側は語中・語末に使用する

ア	イ	ウ	エ	オ
아	이	우	에	오
カ 가|카	キ 기|키	ク 구|쿠	ケ 게|케	コ 고|코
サ 사	シ 시	ス 스	セ 세	ソ 소
タ 다|타	チ 지|치	ツ 쓰	テ 데|테	ト 도|토
ナ 나	ニ 니	ヌ 누	ネ 네	ノ 노
ハ 하	ヒ 히	フ 후	ヘ 헤	ホ 호
マ 마	ミ 미	ム 무	メ 메	モ 모
ヤ 야		ユ 유		ヨ 요
ラ 라	リ 리	ル 루	レ 레	ロ 로
ワ 와				ヲ 오
ッ ㅅ	ン ㄴ			

ガ 가	ギ 기	グ 구	ゲ 게	ゴ 고
ザ 자	ジ 지	ズ 즈	ゼ 제	ゾ 조
ダ 다	ヂ 지	ヅ 즈	デ 데	ド 도
バ 바	ビ 비	ブ 부	ベ 베	ボ 보
パ 파	ピ 피	プ 푸	ペ 페	ポ 포

	ジャ 자	ジュ 주	ジョ 조
キャ 갸|캬	キュ 규|큐	キョ 교|쿄
ギャ 갸	ギュ 규	ギョ 교
シャ 샤	シュ 슈	ショ 쇼
チャ 차	チュ 추	チョ 초
ニャ 냐	ニュ 뉴	ニョ 뇨
ヒャ 햐	ヒュ 휴	ヒョ 효
ビャ 뱌	ビュ 뷰	ビョ 뵤
ピャ 퍄	ピュ 퓨	ピョ 표
ミャ 먀	ミュ 뮤	ミョ 묘
リャ 랴	リュ 류	リョ 료

あとがき

　韓国語を習うとき、ハングル文字はハードルが高いと言われています。

　それを打ち破るために、私は2011年に「1時間でハングルが読めるようになる本」を上梓しました。うれしいことに、多くの読者のみなさんから支持をいただくことができました。

　今回は、読者のみなさんからの反響に触発され、「1時間でハングルが読めるようになる本」をさらにわかりやすく、もっと楽しくハングルが覚えられるように、春原弥生さんにゆかいなマンガとストーリーを作ってもらいました。数多くの学生への講義を通じてつちかってきた私なりのハングルの覚え方（"ヒチョル式"と名づけていただきました）が春原さんの手により、よりいっそう視覚的になり、しかも楽しいお話としてできあがりました。

　本書には、韓国の文化や現地ならではのエピソードも盛り込んであります。「1時間～」をすでにお読みの方は復習をしながら新たな気持ちで楽しんでいただけるはずです。また、本書をはじめて手にしたという方は、ぜひ「1時間～」のほうも目を通してみてください。驚くほどハングルが読めるようになっていることをきっと実感できるでしょう。

　どうぞ、本書を通じて一気にハングル文字を覚え、韓国旅行で街の看板や商品の名前がすらすら読める奇跡を堪能してください。

チョ・ヒチョル

ヒチョル式
コミックエッセイで超カンタン講義

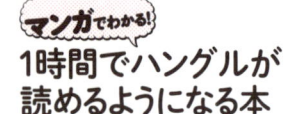

マンガでわかる!
1時間でハングルが
読めるようになる本

2014年5月27日　第1刷発行

著者
チョ・ヒチョル(作)
春原弥生(漫画)

プロデュース
木村敬一

編集
玉置晴子

デザイン
髙橋コウイチ(WF)

協力
鈴木ちひろ

発行人
脇谷典利
編集人
鈴木昌子
発行所
株式会社 学研パブリッシング
〒141-8412 東京都品川区西五反田2-11-8
発売元
株式会社 学研マーケティング
〒141-8415 東京都品川区西五反田2-11-8
DTP製版
株式会社エストール
印刷・製本所
大日本印刷株式会社

この本に関するお問い合わせは以下のところにお願いいたします。
◎編集内容に関することは
　編集部直通…☎03-6431-1532
◎在庫・不良品(乱丁・落丁)に関することは
　販売部直通…☎03-6431-1199
◎文書の場合
　〒141-8418 東京都品川区西五反田2-11-8 学研お客様センター
　「マンガでわかる!1時間でハングルが読めるようになる本」係
この本以外の学研商品に関するお問い合わせは下記まで。
　☎03-6431-1002(学研お客様センター)

©Gakken Publishing Co.,Ltd. 2014 Printed in Japan

本書の無断転載、複製、複写(コピー)、翻訳を禁じます。
本書を代行業者等の第三者に依頼してスキャンやデジタル化することは、
たとえ個人や家庭内の利用であっても、著作権法上、認められておりません。
複写(コピー)をご希望の場合は、下記までご連絡ください。
日本複製権センター 03-3401-2382
http://www.jrrc.or.jp　E-mail:jrrc_info@jrrc.or.jp
Ⓡ〈日本複製権センター委託出版物〉

学研の書籍・雑誌についての新刊情報・詳細情報は、下記をご覧ください。
学研出版サイト http://hon.gakken.jp/